PAUL LOMPRÉ

M. LE MAIRE

ET SES

OBLIGATIONS MILITAIRES

Précédé d'une Lettre à l'Auteur

PAR M. CASIMIR-PERIER

VICE-PRÉSIDENT DE LA CHAMBRE DES DÉPUTÉS

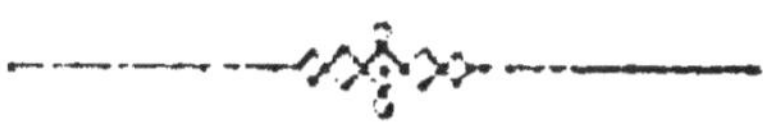

EN VENTE CHEZ L'AUTEUR

RUE DE PARIS, 95, A TROYES (AUBE)

PRIX : 1f50 FRANCO

PAUL LOMPRÉ

M. LE MAIRE

ET SES

OBLIGATIONS MILITAIRES

Précédé d'une Lettre à l'Auteur

PAR M. CASIMIR-PERIER

VICE-PRÉSIDENT DE LA CHAMBRE DES DÉPUTÉS

EN VENTE CHEZ L'AUTEUR

RUE DE PARIS, 95, A TROYES (AUBE)

PRIX : 1f50 FRANCO

LETTRE A L'AUTEUR

PAR

M. CASIMIR-PERIER

VICE-PRÉSIDENT DE LA CHAMBRE DES DÉPUTÉS

Paris, le 16 Juin 1892.

Cher Monsieur,

J'ai eu grand plaisir à lire votre brochure; elle est aussi instructive qu'intéressante.

A une époque où, donnant à l'égalité démocratique et au patriotisme une double satisfaction, la loi proclame que défendre son pays est le premier des devoirs, c'est aussi le servir que d'apprendre à tous leurs obligations militaires et de faciliter à Messieurs les Maires l'accomplissement de leur tâche en matière de recrutement.

Je vous adresse, avec mes très sincères félicitations, l'expression de mes sentiments très distingués.

CASIMIR-PERIER.

PRÉFACE DE L'AUTEUR

Monsieur le Maire,

La bonne volonté ne suffit pas pour remplir exactement les devoirs multiples qui incombent à votre situation.

J'ai voulu, par ce recueil, vous mettre à même de donner promptement à chaque question militaire la solution qu'elle comporte.

Je place ce livre sous le haut patronage de votre patriotisme.

P. L.

SOMMAIRE

M. LE MAIRE

ET SES

OBLIGATIONS MILITAIRES

RECENSEMENT ANNUEL
DES JEUNES GENS DU CONTINGENT

(Instruction du 4 Décembre 1889)

Opérations préliminaires.

Les Maires procèdent, dans le mois de décembre de chaque année, au recensement des jeunes gens nés ou domiciliés dans leur commune, qui ont atteint ou atteindront l'âge de 20 ans révolus avant l'expiration de la dite année.

A cet effet, ils compulsent les registres de l'Etat-Civil et provoquent, au moyen d'avis publics, les déclarations.

Ils inscrivent ceux qui, d'après la notoriété publique, ont l'âge requis, à moins que ceux-ci ne prouvent, avant le tirage au sort, qu'ils ont un âge différent.

Ils transmettent à leurs collègues, qui leur en accusent réception, les renseignements concernant les jeunes gens domiciliés dans leur commune, quand ils n'y sont pas nés.

Ils reçoivent des Préfets la liste des jeunes gens signalés comme omis et mentionnent la pénalité infligée aux omis condamnés par les tribunaux. Ces omis sont inscrits, à moins qu'ils n'aient 45 ans accomplis à l'époque de la clôture des tableaux.

A l'aide de ces renseignements, ils établissent la minute des tableaux de recensement, qui doit être terminée le 31 décembre au plus tard.

Cette minute mentionne toutes les demandes d'inscription, lors même que le Maire croit ne pas devoir y donner suite. Le motif du refus d'inscription est porté dans la colonne d'observations.

Formation des Tableaux.

Les tableaux de recensement sont ouverts le 1er janvier de chaque année. Les Maires y inscrivent :

1° Les jeunes gens dont ils ont fait le recensement dans le courant du mois de décembre précédent et qu'ils ont reconnu devoir y figurer;

2° Ceux que les autres Maires leur ont signalés et dont ils ont constaté le domicile légal dans leur commune;

3° Les omis des classes antérieures qui leur ont été signalés ou qu'ils ont découverts eux-mêmes;

Dans la colonne d'observations, les Maires consignent les renseignements qu'ils ont recueillis sur les jeunes gens absents; ils indiquent les condamnations pouvant entrainer l'exclusion de l'armée ou l'incorporation dans un bataillon d'Afrique (Art. 4 et 5 de la loi du 15 juillet 1889); mais les condamnations ne sont pas portées sur le tableau destiné à être affiché.

Les tableaux de recensement ne doivent recevoir l'inscription que des jeunes gens domiciliés dans le canton et qui sont français ou naturalisés français.

Sont considérés comme domiciliés dans le canton :

1° Les jeunes gens, même émancipés, engagés, établis au dehors, expatriés, absents ou en état d'emprisonnement, si, d'ailleurs, leur père, leur mère ou leur tuteur est domicilié dans le canton, ou si leur père, expatrié, avait son domicile dans une commune du dit canton ;

2° Les jeunes gens mariés dont le père, ou la mère à défaut du père, est domicilié dans le canton, à moins qu'ils ne justifient de leur domicile réel dans un autre canton ;

3° Les jeunes gens mariés et domiciliés dans le canton, alors même que leur père ou leur mère n'y serait pas domicilié ;

4° Les jeunes gens nés et résidant dans le canton qui n'auraient ni père, ni mère, ni tuteur ;

5° Les jeunes gens résidant dans le canton, qui ne seraient dans aucun des cas précédents et qui ne justifieraient pas de leur inscription dans un autre canton ;

6° Les élèves des hospices, majeurs ou mineurs, qui y résident au moment de la formation des tableaux ;

7° Les engagés volontaires qui leur sont signalés par le Préfet.

Ne sont pas considérés comme domiciliés dans le canton :

1° Les jeunes gens ayant quitté le canton, avec leur famille, pour s'établir en Algérie ou aux colonies ;

2° Ceux qui résident en Algérie ou aux colonies, bien que leur famille soit domiciliée dans une commune du canton.

Dans ces deux cas, le Maire doit signaler la situation de l'homme au Préfet de son département.

Est considéré comme Français :

1° Le fils de Français né en France ou à l'étranger.

Dans cette catégorie rentre l'enfant naturel dont la filiation française est établie, même seulement par l'un des auteurs. Si la preuve est faite successivement pour le père et la mère, l'enfant suit la nationalité de celui des deux à l'égard duquel elle a d'abord été établie. Si la preuve résulte pour les deux auteurs du même acte de reconnaissance ou du même jugement, l'enfant suit la nationalité du père;

2° Celui qui est né sur le sol français de parents inconnus ou dont la nationalité est inconnue;

3° Celui qui est né en France d'un étranger qui lui-même y est né.

Dans les trois cas qui précèdent, le jeune homme est porté sur les tableaux de recensement ouverts le 1er janvier de l'année qui suit celle où il a eu 20 ans révolus;

4° Le jeune homme né en France d'un étranger qui n'y est pas né, lorsqu'il est domicilié en France à sa majorité;

5° Le jeune homme né à l'étranger, soit d'un étranger naturalisé français, soit d'un Français ayant perdu la qualité de Français et l'ayant recouvrée ultérieurement, s'il était mineur lorsque ses parents ont acquis ou recouvré la nationalité française.

Dans les deux cas qui précèdent, le jeune homme est inscrit d'office sur les tableaux de la classe formée après l'époque de sa majorité; mais il peut répudier sa qualité de Français après son inscription. Cependant, il ne doit être rayé, soit lors du tirage au sort, soit au moment de la révision, que s'il produit une déclaration déclinant sa qualité de Français, ainsi qu'une attestation de son gouvernement et un certificat constatant qu'il a satisfait à la loi militaire dans son pays ou qu'il n'y est pas soumis.

Néanmoins, malgré toute réclamation ultérieure, le jeune homme qui a demandé lui-même son inscription sur les tableaux de la première classe formée après sa majorité, doit y être maintenu. (Circulaire du 11 mars 1891.)

Peut devenir Français par voie de déclaration :

1° Le jeune homme qui, étant né en France d'un étranger, n'y est pas domicilié à sa majorité si, avant ses 22 ans accomplis, il fait, devant l'agent diplomatique ou consulaire de France le plus proche, sa soumission de fixer en France son domicile : s'il s'y établit effectivement dans l'année à compter de l'acte de soumission ; s'il réclame dans le même délai, devant le juge de paix du canton où il réside, la qualité de Français par une déclaration qui sera enregistrée au Ministère de la Justice.

Ce jeune homme est inscrit sur les tableaux de la première classe formée après l'enregistrement de sa déclaration ;

2° Le mineur qui, étant né en France d'un étranger, n'y est pas domicilié à sa majorité, si les formalités ci-dessus sont remplies par son père ; en cas de décès du père, par sa mère ; en cas de décès de l'un et l'autre, par son tuteur, autorisé par une délibération du conseil de famille.

Ce jeune homme est inscrit d'office dès la formation de la classe à laquelle il appartient par son âge ;

3° Le jeune homme qui, étant né en France d'un étranger, n'y est pas domicilié à sa majorité, lorsqu'en l'absence de déclaration il a été inscrit par erreur sur les tableaux et a pris part au tirage sans exciper de son extranéité ;

4° L'individu né en France ou à l'étranger de parents dont l'un a perdu la qualité de Français, qui fait à n'importe quel âge les déclarations ci-dessus, à moins que, domicilié en France et appelé sous les drapeaux lors de sa majorité, il n'ait revendiqué la qualité d'étranger.

Cet individu est inscrit sur les tableaux de la première classe formée après l'acceptation de sa déclaration, à moins qu'il n'ait 45 ans révolus ;

5° Les fils majeurs d'un étranger naturalisé ou réintégré Français s'il demandent la qualité de Français.

Nota : Les tableaux de recensement peuvent subir, jusqu'au jour où ils sont examinés et arrêtés par les Sous-Préfets, toutes les modifications provenant de la position des jeunes gens.

TIRAGE AU SORT

(Instruction du 4 Décembre 1889)

L'examen des tableaux de recensement et le tirage au sort sont faits au chef-lieu du canton, en séance publique, devant le Sous-Préfet assisté des Maires du canton, revêtus de leur écharpe.

Dans les communes qui forment un ou plusieurs cantons, le Sous-Préfet est assisté du Maire et de ses Adjoints.

Dans les villes divisées en plusieurs arrondissements, chaque arrondissement est représenté par un officier municipal.

Les tableaux de recensement de chaque commune sont lus à haute voix. Les jeunes gens, leurs parents ou représentants, sont entendus dans leurs observations.

Les tableaux sont ensuite arrêtés et visés par le Sous-Préfet et par les Maires.

L'ordre dans lequel les communes d'un même canton doivent être appelées pour le tirage, est chaque fois indiqué par le sort.

Le Sous-Préfet inscrit en tête de la liste de tirage *(Art. 17 de la loi du 15 Juillet 1889, modifié par la loi du 2 février 1891)* :

1° Le nom des jeunes gens qui se trouvent dans l'un des cas prévus par l'article 69 ;

2° Le nom des jeunes gens qui se trouvent dans l'un des cas prévus par l'article 15 et qui n'ont pas déposé à la sous-préfecture, huit jours au moins avant le tirage du canton, une demande tendant à faire excuser leur non-inscription sur le tableau de recensement des années précédentes et justifiant que l'omission de leur nom sur ce tableau ne pouvait être imputée à leur négligence.

Les premiers numéros, ainsi attribués aux omis par suite d'un tirage au sort spécial à cette catégorie, sont extraits de l'urne avant l'opération du tirage.

Les omis de la deuxième catégorie prennent part au tirage, sauf à se voir retirer par le Conseil de révision le bénéfice de leur numéro provisoire.

Avant de commencer les opérations du tirage, le Sous-Préfet compte publiquement les numéros et les dépose dans l'urne, après s'être assuré que leur nombre est égal à celui des jeunes gens appelés à y prendre part ; il en fait la déclaration à haute voix.

Aussitôt après, chacun des jeunes gens appelés dans l'ordre du tableau prend dans l'urne un numéro qui est immédiatement proclamé. Pour les absents, le numéro est tiré par les parents ou, à défaut, par le Maire de la commune.

L'opération du tirage continue sans interruption, jusqu'à ce que le dernier numéro soit extrait de l'urne. Elle ne peut être recommencée sous aucun prétexte.

Les jeunes gens qui ne se trouveraient pas pourvus de numéros, sont inscrits à la suite avec des numéros supplémentaires et tirent entre eux pour déterminer l'ordre suivant lequel ils seront inscrits.

La liste du tirage est dressée à mesure que les numéros sont proclamés. Elle est lue à haute voix, puis arrêtée et signée de la même manière que le tableau de recensement et annexée avec le dit tableau au procès-verbal des opérations. Elle est publiée et affichée dans chaque commune du canton.

CONSEIL DE RÉVISION

(Instruction ministérielle du 28 Mars 1890)

Notification aux intéressés.

Le Maire de chaque commune reçoit du Préfet les ordres individuels de convocation devant le Conseil de révision; il doit les faire notifier huit jours au moins à l'avance :

1° A tous les jeunes gens maintenus sur le tableau de recensement, tel qu'il a été rectifié le jour du tirage ;

2° Aux jeunes gens ajournés les années précédentes.

Séances du Conseil.

Les Maires de toutes les communes du canton sont tenus d'être présents au Conseil de révision, revêtus de leur écharpe.

Le Conseil les consulte, soit pour la constatation de l'identité des jeunes gens, soit pour certaines infirmités sur lesquelles la notoriété publique doit venir en aide à l'appréciation du médecin, soit enfin dans le cas où s'élèveraient contre un appelé des présomptions de mutilation volontaire.

Le Conseil les invite, lorsqu'un jeune homme ne se présente pas, à déclarer que son existence n'est pas douteuse et à indiquer, autant que possible, les motifs de son absence.

Tous les jeunes gens ont un intérêt majeur à ne pas négliger de se présenter devant le Conseil de révision ; les Maires ont soin de le leur rappeler, en ajoutant que la réforme d'un homme compris dans le contingent comme *Bon absent* n'est prononcée que s'il est absolument impossible de l'utiliser dans un service quelconque.

Dossiers à produire.

Toute remise de dossier implique pour le Maire l'obligation d'en donner récépissé.

Dans le cas de production de dossiers incomplets à l'appui de demandes de dispenses, c'est aux maires qu'incombe le soin d'expliquer au Conseil les causes qui ont empêché les jeunes gens de se procurer les pièces réglementaires. Ils doivent au besoin réclamer en faveur de leurs administrés des délais pour se les procurer.

Les Maires doivent présenter leurs observations en temps utile, attendu que la décision prononcée par le président est irrévocable, sauf recours au Conseil d'Etat pour incompétence, excès de pouvoir ou violation de la loi.

Ils ne doivent également pas perdre de vue que les droits aux diverses dispenses, lorsqu'ils existent au jour de la réunion du Conseil de révision, sont périmés s'il n'en est pas justifié préalablement à la décision du Conseil, l'homme inscrit sur la première partie de la liste du recrutement ne pouvant plus bénéficier que de causes de dispenses survenant à une date postérieure.

Toutefois, il peut être accordé aux jeunes gens des délais pour production de pièces incomplètes ; dans aucun cas, ces délais ne peuvent s'étendre au-delà du dixième jour qui suit la date fixée pour la fin de la tournée.

Les jeunes gens qui séjournent à l'étranger, peuvent être autorisés par les préfets à se faire visiter au lieu de leur résidence, dans certains cas exceptionnels et seulement lorsqu'ils ont à invoquer comme motif d'exemption une infirmité d'une nature telle que l'inaptitude au service n'est douteuse pour personne. La demande doit être faite au Maire de la commune du domicile le 15 janvier au plus tard. Dès cette époque, les Maires adressent aux Préfets, par l'intermédiaire des Sous-Préfets, un extrait particulier des tableaux de recensement et une feuille individuelle concernant chacun de ces jeunes gens.

Double-mètre étalonné.

Tous les chef-lieux de canton doivent tenir à la disposition du Conseil un double-mètre étalonné. L'état de ces instruments est contrôlé annuellement par le vérificateur des poids et mesures et, autant que possible, avant la tournée du Conseil.

DISPENSES
PRONONCÉES PAR LE CONSEIL DE RÉVISION

Lorsqu'un jeune homme a simultanément droit à la dispense à l'un des titres visés par l'article 21 ou par l'article 23, il doit être mis en demeure d'opter par écrit entre les deux droits.

Les dispenses doivent toujours être appliquées dans le sens que les jeunes gens jugent le plus favorable à leurs intérêts.

L'engagé volontaire présent sous les drapeaux ne peut être admis à faire valoir devant le Conseil de révision les causes de dispenses prévues aux articles 21, 22 et 23 de la loi. C'est à l'autorité militaire seule qu'il appartient d'apprécier les titres qu'il peut avoir à ces dispenses.

DISPENSES ARTICLE 21

(Instruction du 28 Mars 1890)

Ne peuvent bénéficier des dispenses prévues par cet article :

1° Les condamnés exclus de l'armée ;

2° Les omis qui ne se sont pas présentés ou fait représenter par leurs ayant-cause devant le Conseil de révision, si les motifs de ces dispenses ne sont survenues que postérieurement à la décision de ce Conseil ;

3° Les enfants naturels, même légalement reconnus.

Peuvent bénéficier des dispenses prévues par le dit article :

1° Les enfants légitimes ou légitimés ;

2° Les enfants adoptifs ;

3° Les jeunes gens déclarés Français, en vertu de la loi du 16 décembre 1874, ainsi que ceux qui sont devenus Français par voie de naturalisation, réintégration ou déclaration faite conformément aux lois, même si ces dispenses sont survenues postérieurement à la formation de la classe à laquelle ils appartiennent par leur âge.

Les conditions, pour obtenir la dispense, sont les suivantes :

I. AINÉ D'ORPHELINS DE PÈRE ET DE MÈRE OU AINÉ D'ORPHELINS DE MÈRE, LORSQUE LE PÈRE EST LÉGALEMENT DÉCLARÉ ABSENT OU INTERDIT.

Elle doit être accordée:

1° A celui qui a un ou plusieurs frères, une ou plusieurs sœurs du même lit, alors que la mère serait décédée après un second mariage et que le second mari serait encore vivant; 2° A celui qui a une sœur plus jeune que lui, même si elle est mariée; 3° A l'ainé d'orphelins de mère, lorsque le père est légalement déclaré absent ou interdit, quand il présente la copie du jugement déclarant l'absence ou prononçant l'interdiction; 4° Au frère puiné, si le frère ainé est aveugle ou atteint de toute autre infirmité qui le rende impotent, alors même que l'ainé aurait déjà obtenu la dispense au même titre et bien qu'il n'existe pas d'autre frère ou sœur.

Elle doit être refusée :

1° A celui qui n'a que des sœurs plus âgées que lui ; 2° Au jeune homme seul survivant d'un premier lit et dont les frères ou sœurs d'un second lit ont conservé leur mère ; 3° A l'aîné d'orphelins de mère dont le père est légalement déclaré absent ou interdit, si, au lieu de la copie du jugement déclarant l'absence ou prononçant l'interdiction, il ne peut présenter que le jugement ordonnant l'enquête.

Aîné d'orphelins de père et de mère :

Acte de mariage des père et mère ;
Actes de décès des père et mère ;
Certificat A de trois pères de famille.

Nota. — Tous les certificats doivent être approuvés par le Maire et visés par le Sous-Préfet ; ils doivent être produits lors du tirage au sort.

Puîné d'orphelins de père et de mère :

Acte de mariage des père et mère ;
Actes de décès des père et mère ;
Certificat E de trois pères de famille.

Nota. — Le frère aîné aveugle ou impotent doit être présenté au Conseil de révision.

Aîné d'orphelins de mère, lorsque le père est légalement déclaré absent ou interdit :

Acte de mariage des père et mère ;

Acte de décès de la mère ;

Copie du jugement déclarant l'absence ou l'interdiction du père ;

Certificat **B** de trois pères de famille.

Puîné d'orphelins de mère, lorsque le père est légalement déclaré absent ou interdit :

Acte de mariage des père et mère ;

Acte de décès de la mère ;

Copie du jugement déclarant l'absence ou l'interdiction du père ;

Certificat **M** de trois pères de famille.

NOTA. — Le frère aîné aveugle ou impotent doit être présenté au Conseil de révision.

II. FILS UNIQUE OU AINÉ DES FILS OU, A DÉFAUT DE FILS OU DE GENDRE, LE PETIT-FILS UNIQUE OU L'AINÉ DES PETITS-FILS D'UNE FEMME ACTUELLEMENT VEUVE OU D'UNE FEMME DONT LE MARI A ÉTÉ LÉGALEMENT DÉCLARÉ ABSENT OU INTERDIT, OU D'UN PÈRE AVEUGLE OU ENTRÉ DANS SA SOIXANTE-DIXIÈME ANNÉE.

Elle doit être accordée :

1° Au fils unique ou aîné des fils d'un deuxième lit, quand son père est décédé, alors même qu'il aurait des frères consanguins plus âgés que lui ;

2° Au fils unique ou aîné des fils d'un père aveugle lorsque la cécité est complète ;

3° Au petit-fils unique ou aîné des petits-fils d'une femme veuve dont le gendre vit encore, mais est veuf sans enfant ;

4° Au frère puîné, si le frère aîné est aveugle ou atteint de toute autre infirmité qui le rende impotent, alors même que l'aîné aurait déjà obtenu la dispense au même titre.

Elle doit être refusée :

1° Au fils unique ou à l'aîné des fils d'une veuve qui se remarie à un septuagénaire ou à un aveugle ;

2° Au fils unique ou à l'aîné des fils d'un homme impotent ou aliéné ;

3° Au petit-fils unique ou à l'aîné des petits-fils d'une veuve qui a un fils ou un gendre impotent ou aliéné.

Fils unique ou aîné des fils d'une femme actuellement veuve :

Acte de mariage des père et mère ;
Acte de décès du père ;
Certificat C de trois pères de famille.

Puîné des fils d'une femme actuellement veuve :

Acte de mariage des père et mère ;
Acte de décès du père ;
Certificat N de trois pères de famille.

NOTA. — Le frère aîné aveugle ou impotent doit être présenté au Conseil de révision.

Petit-fils unique ou aîné des petits-fils d'une femme actuellement veuve :

Acte de mariage des aïeuls ;
Acte de mariage des père et mère ;
Acte de décès de l'aïeul ;
Certificat D de trois pères de famille.

Petit-fils puîné d'une femme actuellement veuve :

Acte de mariage des aïeuls ;

Acte de mariage des père et mère ;

Actes de décès des père et mère ;

Acte de décès de l'aïeul ;

Certificat O de trois pères de famille.

Nota. — Le frère aîné aveugle ou impotent doit être présenté au Conseil de révision.

Fils unique ou aîné des fils d'une femme dont le mari a été légalement déclaré absent ou interdit :

Acte de mariage des père et mère ;

Copie du jugement déclarant l'absence ou l'interdiction ;

Certificat E de trois pères de famille.

Puîné des fils d'une femme dont le mari a été légalement déclaré absent ou interdit :

Acte de mariage des père et mère ;

Copie du jugement déclarant l'absence ou l'interdiction ;
Certificat P de trois pères de famille.

Nota. — Le frère aîné aveugle ou impotent doit être présenté au Conseil de révision.

Petit-fils unique ou aîné des petits-fils d'une femme dont le mari a été légalement déclaré absent ou interdit :

Acte de mariage des aïeuls ;
Acte de mariage des père et mère ;
Actes de décès des père et mère ;
Copie du jugement déclarant l'absence ou l'interdiction ;
Certificat F de trois pères de famille.

Petit-fils puîné d'une femme dont le mari a été légalement déclaré absent ou interdit :

Acte de mariage des aïeuls ;
Copie du jugement déclarant l'absence ou l'interdiction ;
Certificat Q de trois pères de famille.

Nota. — Le frère aîné aveugle ou impotent doit être présenté au Conseil de révision.

Fils unique ou aîné des fils d'un père aveugle :

Acte de mariage des père et mère ;
Certificat G de trois pères de famille.

Nota. — Le père aveugle doit être présenté au Conseil de révision.

Puîné des fils d'un père aveugle :

Acte de mariage des père et mère ;
Certificat R de trois pères de famille.

Nota. — Le père aveugle et le frère aîné aveugle ou impotent doivent être présentés au Conseil de révision.

Petit-fils unique ou aîné des petits-fils d'un grand-père aveugle :

Acte de mariage des aïeuls ;
Acte de mariage des père et mère ;
Actes de décès des père et mère ;
Certificat H de trois pères de famille.

Nota. — Le grand-père aveugle doit être présenté au Conseil de révision.

Puîné des petits-fils d'un grand-père aveugle :

Acte de mariage des aïeuls;
Acte de mariage des père et mère;
Actes de décès des père et mère;
Certificat S de trois pères de famille.

Nota. — Le grand-père aveugle et le frère aîné aveugle ou impotent doivent être présentés au Conseil de révision.

Fils unique ou aîné des fils d'un père entré dans sa 70e année :

Acte de mariage des père et mère;
Acte de naissance du père;
Certificat I de trois pères de famille.

Puîné des fils d'un père entré dans sa 70e année :

Acte de mariage des père et mère;
Acte de naissance du père;
Certificat R de trois pères de famille.

Nota. — Le frère aîné aveugle ou impotent doit être présenté au Conseil de révision.

Petit-fils unique ou aîné des petits-fils d'un grand-père entré dans sa 70e année :

Acte de mariage des père et mère;
Actes de décès des père et mère;
Acte de naissance de l'aïeul;
Certificat **J** de trois pères de famille.

Puîné des petits-fils d'un grand-père entré dans sa 70e année :

Acte de mariage des aïeuls;
Acte de mariage des père et mère;
Actes de décès des père et mère;
Acte de naissance de l'aïeul;
Certificat **S** de trois pères de famille;

Nota. — Le frère aîné aveugle ou impotent doit être présenté au Conseil de révision.

III. FILS UNIQUE OU AINÉ DES FILS D'UNE FAMILLE DE SEPT ENFANTS AU MOINS.

Elle doit être accordée :

1° Si les enfants sont issus d'un ou de plusieurs mariages contractés par le père; 2° Si les enfants sont issus d'un ou de plusieurs mariages contractés par la mère; 3° Si, parmi les enfants, il se trouve un enfant naturel légalement reconnu, lors même qu'il ne le serait que par un de ses auteurs; 4° Au frère puîné, si le frère aîné est aveugle ou atteint de toute autre autre infirmité qui le rende impotent, alors même que l'aîné aurait déjà obtenu la dispense au même titre.

Elle doit être refusée :

1° Si la situation invoquée résulte du mariage d'un père et d'une mère ayant chacun un ou ou plusieurs enfants provenant de mariages antérieurs; 2° Si le jeune homme qui invoque la dispense est enfant naturel, même légalement reconnu.

Fils unique ou aîné d'une famille de sept enfants au moins :

Acte de mariage des père et mère;
Actes de naissance de tous les frères et sœurs;
Certificat K de trois pères de famille.

Puîné des fils d'une famille de sept enfants au moins :

Acte de mariage des père et mère;

Actes de naissance de tous les frères et sœurs;
Certificat T de trois pères de famille.

Nota. — Le frère aîné aveugle ou impotent doit être présenté au Conseil de révision.

IV. PLUS AGÉ DES DEUX FRÈRES INSCRITS LA MÊME ANNÉE SUR LES LISTES DU RECRUTEMENT CANTONAL OU FAISANT PARTIE DU MÊME APPEL.

Elle doit être accordée :

1° Si le cadet est inscrit par le Conseil de révision sur l'une des six premières parties de la liste; 2° Si le cadet étant exempté ou exclu de l'armée, l'aîné justifie d'un frère sous les drapeaux.

Elle doit être refusée :

1° Si le cadet ne se présente pas devant le Conseil de révision ; 2° Si le cadet est exempté ou exclu de l'armée.

Plus âgé de deux frères faisant partie du même tirage ou du même appel :

Acte de mariage des père et mère ;
Actes de naissance des deux frères ;
Certificat U de trois pères de famille ;

V. FRÈRE D'UN MILITAIRE PRÉSENT SOUS LES DRAPEAUX AU MOMENT DE L'APPEL DE LA CLASSE.

Elle doit être accordée :

1° A celui dont le frère est lié au service pour trois ans au moins comme appelé; dans ce cas, c'est l'aîné qui procure la dispense au cadet; 2° A celui dont le frère est lié au service pour trois ans au moins comme engagé volontaire; dans ce cas, c'est soit l'aîné, soit le cadet, qui procure la dispense à son frère; 3° A celui dont le frère dispensé, article 23, a été maintenu sans interruption ou rappelé au corps, après interruption, pour compléter trois ans de service; 4° A celui dont le frère a été reconnu apte au service, après un premier ajournement; 5° A l'ajourné dont le frère a cessé d'être présent sous les drapeaux, si toutefois il s'y trouvait présent lors de l'appel à l'activité de la classe à laquelle l'ajourné appartient.

Elle doit être refusée :

1° A celui dont le frère n'est lié au service que pour moins de trois ans; 2° A celui dont le frère est détenu en vertu d'un jugement, bien que ce détenu puisse, à l'expiration de sa peine et une fois rentré sous les drapeaux, procurer la dispense; 3° A celui dont le frère est maintenu sous les drapeaux par mesure disciplinaire.

Frère d'un militaire présent sous les drapeaux :

Acte de mariage des père et mère.

Actes de naissance des deux frères.

Certificat V de trois pères de famille;

Certificat de présence sous les drapeaux, délivré par le Conseil d'administration du corps et n'ayant pas plus de trois mois de date. Si le frère est inscrit maritime, au lieu du certificat de présence, on produit; 1° Un certificat du Préfet, constatant que ce marin est compris, comme déduit, dans le contingent d'une classe non libérée du service actif; 2° Un certificat d'un commissaire de marine, faisant connaître que ce frère appartient toujours à l'inscription maritime, qu'il est vivant et qu'il réside dans telle commune ou bien qu'il est embarqué.

VI. FRÈRE D'UN MILITAIRE MORT EN ACTIVITÉ DE SERVICE, OU RÉFORMÉ, OU ADMIS A LA RETRAITE POUR BLESSURES REÇUES DANS UN SERVICE COMMANDÉ OU POUR INFIRMITÉS CONTRACTÉES DANS LES ARMÉES DE TERRE OU DE MER.

Elle doit être accordée :

1° A celui dont le frère est décédé, a été réformé ou admis à la retraite dans les conditions ci-dessus, quel qu'ait été le temps de service de ce frère; 2° A celui dont le frère est mort au drapeau, pendant qu'il accomplissait une période d'instruction; 3° A celui dont le frère a disparu ou est présumé mort aux armées, lorsqu'il présente un acte de disparition appuyé d'un relevé des services établi au Ministère de la Guerre.

Remarques :

1° La dispense accordée conformément aux paragraphes V et VI ne doit être appliquée qu'à un seul frère pour un même cas, mais elle se répétera dans la même famille autant de fois que les mêmes droits se reproduiront;

2° Si le dispensé meurt avant d'avoir été envoyé en congé, la cause de la dispense n'ayant pas profité à la famille, peut être invoquée de nouveau par un autre frère;

3° Pour les dispenses conférées par un frère à un autre frère, on ne saurait établir de distinction entre les frères germains, consanguins et utérins : ils ne forment qu'une famille ;

4° L'enfant naturel légalement reconnu, lors même qu'il ne le serait que par l'un de ses auteurs, procure la dispense, mais n'en bénéficie pas.

Frère d'un militaire mort au service, ou réformé n° 1, ou retraité pour blessures reçues dans un service commandé ou infirmités contractées au service :

Acte de mariage des père et mère ;
Actes de naissance des deux frères ;
Certificat Y de trois pères de famille ;
Acte de décès ou congé de réforme n° 1, ou titre de pension.

Rappel à l'activité des dispensés.

(Circulaire du 12 Décembre 1889 et Instruction du 31 Décembre 1889)

1° Tous les ans, les Maires signalent au Conseil de révision les jeunes gens dispensés, article 21, qui ont été l'objet de plaintes de la part des personnes dans l'intérêt desquelles l'envoi en congé a eu lieu ;

2° Les Maires signalent immédiatement au

Commandant de recrutement les jeunes gens dispensés, article 21, qui cessent, par un fait matériel, de se trouver dans la situation de famille qui a motivé la dispense, que ce fait se produise au cours de l'année de présence sous les drapeaux ou après l'envoi en congé ;

3° Quand un militaire a procuré la dispense et obtient, sur sa demande, le bénéfice d'une autre dispense, le frère qu'il a dispensé est rappelé pour terminer le temps que doit encore la classe à laquelle il appartient.

Sursis d'appel aux dispensés ayant un frère sous les drapeaux.

(Circulaire ministérielle du 8 Novembre 1890)

Les jeunes gens, dispensés comme ayant un frère sous les drapeaux, peuvent, sur leur demande, obtenir un sursis d'appel valable jusqu'après l'expiration du temps obligatoire de service de leur frère.

Le dispensé qui réclame le bénéfice de cette disposition doit établir que son frère sert comme appelé et non à un autre titre.

Les ajournés, reconnus aptes au service après deux ajournements, ne procurent pas la dispense à leur frère, mais le plus jeune des deux frères, s'il en fait la demande, ne part, pour commencer son temps de service, qu'à la date du passage de l'aîné dans la réserve.

La demande de l'intéressé doit être envoyée vers la fin de septembre au Commandant de recrutement, afin de rendre moins difficile son travail de répartition.

Cette demande pourra être ainsi libellée :

Le nommé , jeune soldat de la Classe , ayant obtenu le n° de tirage au sort dans le canton de , demande à n'être incorporé qu'après libération de son frère, appelé de la Classe .

(Signature de l'intéressé, légalisée par le Maire.)

Les jeunes gens qui obtiennent des sursis d'appel, reçoivent un titre spécial et un livret individuel complété par l'adjonction d'un fascicule portant ordre de route pour le cas de mobilisation.

DISPENSÉS ARTICLE 22

SOUTIENS DE FAMILLE

(Décret du 1er Mars et Instruction du 28 Mars 1890)

Le Maire dresse une liste de tous les jeunes gens de sa commune ayant produit, avant le tirage au sort, à l'appui de leur demande : 1° Un relevé des contributions payées par la famille et certifié par le percepteur ; 2° Un avis motivé de trois pères de famille résidant dans la commune et ayant un fils sous les drapeaux ou, à défaut, dans la réserve de l'armée active, et jouissant de leurs droits civils et politiques.

A cette liste, le Maire joint un avis motivé du Conseil municipal et présente le tout au Conseil de révision, qui prend sur les lieux tous les renseignements nécessaires pour s'éclairer sur la décision à rendre ultérieurement.

La liste des soutiens de famille est arrêtée par le Conseil de révision, réuni à une date fixée par le Ministre de la Guerre.

Le nombre des dispensés par le Conseil de révision ne peut dépasser cinq pour cent du contingent à incorporer pour trois ans.

Les enfants naturels reconnus par le père ou par la mère, peuvent bénéficier de cette dispense.

Les jeunes gens reconnus aptes au service armé après un premier ajournement, concourent entre eux dans la même proportion de cinq pour cent.

Les chefs de corps ou de service sont autorisés à délivrer des congés à titre de soutien de famille aux militaires ayant un an ou deux de présence sous les drapeaux.

Le nombre des congés accordés ne doit pas dépasser un pour cent après la première année et un pour cent après la seconde.

Tous les ans, le Maire présente au Conseil de révision une délibération du Conseil municipal, faisant connaître la situation des jeunes gens de sa commune qui ont été renvoyés dans leurs foyers comme soutiens de famille, soit d'après la désignation du Conseil de révision, soit par les corps de troupe.

Il signale également les plaintes dont ces jeunes gens ont été l'objet de la part des personnes dans l'intérêt desquelles l'envoi en congé a eu lieu.

Lorsque, en dehors des cas d'indignité ou de plaintes, les jeunes gens cessent, par un fait matériel, de se trouver dans la situation de famille qui a motivé la dispense ou l'envoi en congé, les Maires signalent immédiatement ce fait au Commandant de recrutement, qu'il se produise au cours de l'année de présence sous les drapeaux ou après l'envoi en congé.

DISPENSES ARTICLE 23

(Décrets du 23 Novembre 1889 et du 31 Mai 1890)

Ces dispenses : 1° Sont accordées au titre de l'engagement décennal dans l'enseignement ; 2° Résultent des études littéraires, scientifiques, techniques ou artistiques ; 3° Sont accordées au titre des industries d'art ; 4° Sont accordées à titre d'élèves ecclésiastiques.

I. Les jeunes gens qui se proposent de contracter l'engagement décennal doivent présenter une demande *(Modèle A annexé au décret du 23 novembre 1889)*, ainsi qu'une déclaration sur papier timbré, conforme aux modèles **B C D**, selon que la demande est faite pour les fonctions de l'instruction publique, pour les institutions nationales des sourds-muets ou des jeunes aveugles, ou pour les écoles françaises subventionnées d'Orient et d'Afrique.

Cette déclaration est accompagnée, pour les signataires âgés de moins de 20 ans, de l'autorisation de leur père, mère ou tuteur.

Pour être admis à signer l'engagement décennal, les jeunes gens doivent être âgés d'au moins

18 ans et occuper, en vertu de nomination régulière, un emploi déterminé dans l'enseignement.

Ils produisent au Conseil de révision : 1° L'engagement décennal ; 2° Un certificat de l'autorité compétente indiquant l'emploi dont ils sont pourvus.

Après avoir rempli son année de service militaire, le jeune homme doit exercer, dans l'année qui suit son année de service, et jusqu'à l'expiration de cet engagement, l'un des emplois de l'enseignement, sans qu'aucune portion de l'engagement décennal puisse être réalisée en congé, sauf pour cause de maladie dûment constatée par deux médecins, dont l'un désigné par l'autorité militaire. Les autres interruptions régulièrement autorisées ne comptent pas pour la réalisation de l'engagement décennal sans que l'époque normale de l'accomplissement de cet engagement puisse être reculée de plus de trois années.

Le jeune homme doit, à partir de son entrée en fonctions, justifier chaque année, du 15 septembre au 15 octobre, de sa situation, par un certificat modèle E qu'il adresse au Commandant de recrutement.

II. Les jeunes gens qui poursuivent leurs études littéraires, scientifiques, techniques ou artistiques, doivent présenter un certificat modèle G, d'abord pour obtenir la dispense, puis le même certificat pour justifier annuellement de leur présence ou de la continuation de leurs études.

III. Les jeunes gens qui exercent certaines industries d'art, sont examinés par un jury d'état départemental composé de six membres au moins ; les patrons et les ouvriers y sont en nombre égal.

Les candidats présentent au jury :

1° Un certificat du maire de la commune de leur domicile, constatant qu'ils sont inscrits sur les tableaux de recensement établis pour la formation de la classe ; 2° Un certificat d'exercice de l'une des industries d'art spécifiées ; ce certificat est établi par le Maire.

Ils sont soumis à une épreuve pratique spéciale à leur profession. A la suite de cette épreuve, le jury donne au candidat une note variant de 0 à 50 ; tout jeune homme qui n'a pas obtenu 25 points est éliminé.

Le jury délivre au candidat un titre modèle H relatant la note qu'il a obtenue ; ce titre est déposé à la Préfecture contre récépissé.

Lors du Conseil de révision, le Préfet prononce la dispense en faveur des ouvriers d'art ayant obtenu le plus de points, jusqu'à concurrence du nombre fixé p. . le Ministre de la Guerre. Cette décision n'est rendue qu'à la séance de clôture des opérations.

Après l'accomplissement de leur année de service militaire, les dispensés sont tenus de produire au Commandant de recrutement annuellement, du 15 Septembre au 15 Octobre et jusqu'à 26 ans accomplis, un certificat modèle I délivré par le président du jury d'état du département où ils exercent leur profession.

IV. La dispense est accordée, à titre d'élèves ecclésiastiques, aux jeunes gens qui présentent un certificat modèle K. Chaque année, jusqu'à l'âge de 26 ans, le même certificat justifiant de la continuation d'études doit être envoyé du 15 Septembre au 15 Octobre au Commandant de recrutement.

Lorsque le jeune homme a été ordonné ou consacré, il en justifie par un certificat modèle L.

A l'âge de 26 ans, le dispensé est tenu de produire le même certificat modèle L.

Nota. — I. Les jeunes gens dispensés en vertu de l'art. 23 suivent le sort de la classe à laquelle ils appartiennent, à moins que par leur position ils ne soient complètement dégagés de toute obligation militaire.

II. En cas de mobilisation, les étudiants en médecine et en pharmacie et les élèves ecclésiastiques sont versés dans le service de santé.

III. Des sursis valables jusqu'à la fin de leurs études doivent être accordés (*Dépêche ministérielle du 7 Novembre 1890*) aux Elèves de l'Ecole normale supérieure, de l'Ecole centrale des Arts et Manufactures et des écoles visées à l'art. 23 de la loi, dont la nomenclature est insérée dans la circulaire du 22 Septembre 1890, quelle que soit leur classe de recrutement, sous la condition :

1° De justifier, par un certificat du Directeur de l'Ecole, qu'ils sont en cours d'études ; 2° d'accomplir intégralement, à partir du 1er Novembre, suivant la cessation de leurs études, le service auxquels ils sont tenus, alors même que leur classe serait dans la réserve.

Ils sont affectés provisoirement, suivant leur aptitude, à un corps de troupe d'une arme recevant des dispensés et alimenté en réservistes par la subdivision de région de leur domicile. Ils reçoivent leur livret individuel complété par l'adjonction du fascicule portant ordre de route pour le cas de mobilisation.

IV. Les jeunes gens dispensés en vertu de l'article 23 sont appelés pendant quatre semaines, dans le cours de l'année qui précède leur passage dans la réserve de l'armée active.

DISPENSES ARTICLE 50

(Instruction du 28 Mars 1890)

Les jeunes gens qui ont établi leur résidence à l'étranger hors d'Europe, avant l'âge de 19 ans révolus, et qui y occupent une situation régulière, sont dispensés du service militaire pendant la durée de leur séjour à l'étranger.

Ils produisent, avec leur demande modèle A, leur acte de naissance et un certificat du Consul de France, légalisé par le Ministre des Affaires étrangères, modèle Z.

Ils sont inscrits sur la 3e partie de la liste du recrutement, alors même qu'ils réclameraient, avec l'application de l'article 50, le bénéfice des articles 21 et 22; mais s'il rentrent en Europe avant l'âge de 30 ans, il leur est tenu compte de la situation de famille qu'ils pouvaient invoquer devant le Conseil de révision, à condition que cette situation ne se soit pas modifiée.

Ils doivent justifier de leur situation chaque année. Pendant la durée de leur établissement à l'étranger, ils ne peuvent séjourner accidentellement en France plus de trois mois et sous la réserve d'aviser le Consul de leur absence.

Les jeunes gens inscrits sur les listes de recrutement de la métropole et résidant dans une colonie, ou dans un pays de protectorat où il n'y a pas de troupes françaises stationnées, peuvent bénéficier des dispositions contenues dans l'article 50.

APPEL DES JEUNES SOLDATS

(Articles 50 et 73 de la loi du 15 Juillet 1889.)

L'incorporation du contingent doit avoir lieu, au plus tard, le 16 Novembre de l'année d'inscription des jeunes gens sur les tableaux de recensement.

En temps de guerre, le Ministre peut appeler par anticipation la classe qui ne serait appelée qu'au mois de Novembre suivant.

Les jeunes soldats sont convoqués par ordres d'appel individuel.

Ceux qui, sans motifs légitimes, manquent à la revue de départ, sont convoqués par ordres de route. S'ils ne rejoignent pas dans le délai d'un mois en temps de paix et de deux jours en temps de guerre, ils sont punis comme insoumis d'un emprisonnement d'un mois à un an en temps de paix et de deux à cinq ans en temps de guerre.

En temps de guerre, les noms des insoumis sont affichés dans toutes les communes du canton de leur domicile ; ils restent affichés pendant toute la durée de la guerre.

Le condamné pour insoumission ou désertion

en temps de guerre sera, en outre, privé de ses droits électoraux.

En cas d'absence du domicile, l'ordre de route est notifié au Maire de la commune dans laquelle l'appelé a été porté sur la liste de recensement.

Le jour de la mise en route, aussitôt après la revue d'appel, les chefs de détachements doivent lire aux jeunes soldats formés en groupe, la circulaire ministérielle du 14 Décembre 1891, ainsi conçue :

« 1° A partir du moment où les jeunes soldats sont réunis en détachement pour être dirigés sur leurs lieux de garnison, ils sont soumis aux lois et règlements militaires ;

« 2° Les recrues doivent l'obéissance la plus absolue aux officiers, sous-officiers, caporaux ou brigadiers chargés de les conduire à leur corps :

« 3° Les jeunes soldats doivent avoir, pendant le parcours, une tenue régulière et une attitude correcte ; ils doivent éviter tout écart de conduite et s'abstenir, notamment dans les villes, dans les gares et les voitures de chemins de fer, de crier, de chanter et de faire tout acte qui pourrait donner lieu à des scènes de désordre ;

« 4° Toute faute grave fait encourir à celui qui la commet la punition de la prison, et chaque jour de prison subi oblige le soldat à rester au corps un jour de plus lorsque la classe à laquelle il appartient est renvoyée dans ses foyers après trois ans de service ; l'ivresse est toujours une faute grave.

Tout refus d'obéissance, toute injure ou insulte à un militaire gradé ou à un militaire de la gendarmerie, conduit le coupable devant le Conseil de guerre. »

CERTIFICAT POUR ENGAGEMENT VOLONTAIRE

Les Maires doivent se procurer les certificats imprimés modèle I qu'ils doivent délivrer conformément à l'article 59 de la loi du 15 Juillet 1889.

FEUILLE DE ROUTE POUR ENGAGÉ VOLONTAIRE

(Décret du 12 Juin 1867)

Les Maires ne délivrent pas de feuilles de route, mais seulement des sauf-conduits pour aller jusqu'à la résidence la plus rapprochée d'un sous-intendant ou d'un suppléant militaire.

INDEMNITÉ POUR RÉCEPTION D'ACTE D'ENGAGEMENT

(Lettre collective du 17 Janvier 1885)

Une indemnité fixée à un franc est payée aux Maires pour chaque engagement volontaire reçu, soit au titre de l'armée de terre, soit au titre de l'armée de mer.

DISPENSE D'UNE PÉRIODE D'EXERCICES

(Note ministérielle du 1er Juillet 1890)

Les dispenses ne doivent porter que sur les membres de familles qui se trouveraient privées de moyens d'existence par suite du départ de l'homme appelé.

La direction d'un établissement, d'une usine, d'une maison de commerce, etc., la maladie ou la mort d'un parent ne motivent qu'un ajournement.

Les demandes de dispense portent comme en-tête : « Mon général », puis vient l'exposition des motifs invoqués.

Elles sont remises au Maire de la commune du domicile, qui en donne récépissé.

Elles sont accompagnées : 1° D'un relevé des contributions payées par la famille, certifié par le percepteur. Ce relevé indique non-seulement les contributions payées par les ascendants, mais encore celles payées par le postulant et par sa femme, s'il est marié ;

2° D'un avis motivé de trois pères de famille résidant dans la commune et ayant un fils sous les drapeaux ou, à défaut, dans la réserve de l'armée active et jouissant de leurs droits civils et politiques. Cet avis est consigné sur un certificat modèle 5 bis.

Lorsque, à défaut du père de famille ayant un fils sous les drapeaux, on a recours au témoignage de pères de famille ayant un fils dans la réserve de l'armée active, ils doivent, autant que possible, être pères de fils appartenant aux classes convoquées dans le courant de l'année.

Si l'homme a changé de résidence, il remet ou envoie sa demande au Maire de la commune du domicile.

Le Maire soumet les demandes au Conseil municipal, qui émet un avis motivé.

Le Maire dresse ensuite une liste de tous les hommes ayant demandé une dispense, y porte l'avis motivé du Conseil municipal et l'envoie, au plus tard, quinze jours avant la date fixée pour la convocation, avec les dossiers des demandes de dispense des intéressés, au Général commandant la subdivision.

COMMISSION DE RÉFORME

(Instruction du 6 Novembre 1875)

Les jeunes soldats encore disponibles dans leurs foyers, les militaires en disponibilité de l'armée active, les hommes de la réserve de l'armée active, de l'armée territoriale et de la réserve de cette armée, qui deviennent impropres au service, doivent en faire la déclaration au Commandant de la brigade de gendarmerie qui la transmet, avec une enquête sommaire, appuyée d'un certificat médical, au Commandant de recrutement.

Les hommes appartenant à ces catégories, qui n'auraient pas fait valoir en temps utile les infirmités dont ils sont atteints, ne seront pas admis, après la publication de l'ordre de mobilisation, à comparaître devant la Commission spéciale de réforme. Ils seront dirigés sur leur corps et ne pourront être ultérieurement réformés que s'il est matériellement impossible de les utiliser d'une manière quelconque.

Les Maires doivent porter ces dispositions à la connaissance de leurs administrés.

Il y a réunion de la Commission de réforme, dans chaque chef-lieu de subdivision, à jour et heure fixes, une fois par mois. Il est bon que les Maires connaissent cette date pour leur subdivision, afin que leurs administrés puissent recevoir à temps du Commandant de recrutement un ordre de convocation qui leur accorde le tarif réduit pour l'aller et le retour, s'ils sont réformés par la Commission, et le même avantage pour l'aller seulement s'ils ne sont pas réformés.

Les intéressés doivent toujours arriver munis de leur livret qu'ils remettent au sous-officier de recrutement au moment de l'appel de leur nom.

S'ils sont réformés, ils laissent leur livret, qui leur est renvoyé le lendemain par l'intermédiaire de la gendarmerie; s'ils ne sont pas réformés, ils doivent reprendre leur livret avant leur départ.

PROLONGATION DES CONGÉS DE CONVALESCENCE

Les militaires de l'armée active en congé de convalescence doivent, lorsqu'ils jugent qu'une prolongation leur est nécessaire, se présenter devant la Commission de réforme de la subdivision dans laquelle ils sont régulièrement en congé.

Ils signalent leur intention à la gendarmerie de leur résidence, quelques jours avant la date de la réunion de la Commission et surtout avant l'expiration de leur congé. Ils doivent se présenter munis de toutes leurs pièces.

Ceux qui ne seraient pas en état de rejoindre leur corps, à l'expiration de leur congé et qui ne pourraient attendre la prochaine réunion de la Commission, doivent se faire visiter par un médecin qui remet un certificat. La signature du médecin civil est légalisée par le Maire.

Toutes les pièces et ce certificat sont remis à la gendarmerie qui les transmet au Général commandant la subdivision.

L'homme peut attendre dans ses foyers la décision qui sera rendue à son égard.

MARIAGE

(Décret du 16 Juin 1808 et Circulaire du 18 Juillet 1887)

Les officiers, sous-officiers, caporaux ou brigadiers et soldats en activité de service, qui contracteraient mariage, sans en avoir obtenu l'autorisation, encourent la destitution et la perte de leurs droits, tant pour eux que pour leurs veuves et leurs enfants, à toute pension et récompense militaire.

Tout officier de l'Etat-Civil qui, sciemment, célèbre le mariage d'un militaire en activité de service, sans se faire remettre l'autorisation prescrite, ou qui néglige de la joindre à l'acte de mariage, est destitué de ses fonctions.

Les officiers en retraite (*Note ministérielle du 27 Janvier 1876*), les officiers de réserve et de l'armée territoriale (*Instruction du 28 Décembre 1879*) peuvent se marier sans autorisation de l'autorité militaire.

A partir du 1er Novembre de l'année du tirage au sort, les Maires ne doivent en aucun cas célébrer le mariage des jeunes gens de la classe ayant pris part au tirage (*Circulaire du 3 Dé-*

cembre 1883) sans l'autorisation spéciale du Général commandant le corps d'armée.

Jusqu'au 1er Novembre, ces jeunes gens peuvent se marier sans l'autorisation de l'autorité militaire *(Circulaire du 22 Juillet 1890).*

Les ajournés peuvent contracter mariage sans permission spéciale de l'autorité militaire jusqu'au 1er Novembre de l'année dans laquelle le Conseil de révision les a reconnus aptes au service. *(Circulaire du 22 Juillet 1890.)*

Les hommes de la disponibilité, de la réserve de l'armée active, de l'armée territoriale et de sa réserve, les dispensés articles 21, 22 et 23 de la loi en sursis d'appel ou en congé dans leurs foyers, les hommes classés dans les services auxiliaires, ainsi que les militaires envoyés en congé en attendant leur passage dans la réserve de l'armée active, peuvent se marier sans autorisation de l'autorité militaire. *(Instruction du 28 Décembre 1879, article 25 et 58 de la loi du 15 Juillet 1889.)*

Tous ces hommes présentent leur livret individuel au Maire de la commune où ils doivent contracter mariage.

Les militaires de l'armée active envoyés en congé dans leurs foyers à quelque titre que ce soit, sauf ceux visés au paragraphe ci-dessus, ne peuvent se marier sans une autorisation du

Conseil d'administration de leur corps. L'officier de l'Etat-Civil donne avis à ce Conseil de la célébration du mariage.

La faculté de se marier est suspendue pour tous les hommes appelés par le fait de la mobilisation.

Les officiers mariniers en disponibilité ne peuvent se marier sans autorisation. Celle-ci n'est pas exigée des marins de l'inscription maritime en congé renouvelable ou en congé temporaire, pas plus que des marins du recrutement en congé renouvelable ou dans la réserve. (*Circulaire du 19 Novembre 1885.*)

RÉSERVISTES PÈRES DE QUATRE ENFANTS VIVANTS

(Article 58 de la loi du 15 Juillet 1889)

Les réservistes qui sont pères de quatre enfants vivants passent de droit dans l'armée territoriale.

Les dispositions de cet article sont formelles : l'expression *père de quatre enfants* doit être prise dans un sens absolu, c'est-à-dire que par mariage, légitimation ou reconnaissance, l'homme doit être légalement le père.

Le fait d'avoir à sa charge quatre enfants, dont un ou plusieurs issus d'un précédent mariage conclu par son épouse, ne place pas un réserviste dans le cas de recevoir application des dispositions de l'article 58, mais le passage dans l'armée territoriale en vertu du dit article est définitif et n'est pas révocable par suite des décès ultérieurs qui peuvent survenir parmi les enfants.

Les réservistes doivent produire à l'autorité militaire les actes de naissance de leurs enfants que le Maire de la commune constate. par certificat, être vivants.

HOMMES CLASSÉS DANS LES SERVICES AUXILIAIRES

(Note ministérielle du 31 Décembre 1885 et Circulaire du 17 Janvier 1891)

Les appels sont fixés à cinq pour chaque classe; mention en est faite sur le livret individuel de chaque homme.

La revue a lieu au chef-lieu de canton, à l'issue du Conseil de révision. Les Maires doivent assister à cette revue, pour renseigner l'autorité militaire sur les motifs d'absence de ceux qui ne se présentent pas.

A la réception du *Recueil administratif* portant notification, le Maire de chaque commune fait annoncer aux hommes, dans les formes ordinaires de publication, le lieu et l'heure de l'appel.

Les Maires font également apposer les affiches qui leur sont envoyées.

GARDE DES VOIES DE COMMUNICATION

(Loi du 2 Juillet 1890, Décret du 5 du même mois, et Dépêche ministérielle du 10 Mars 1892)

Les Maires des communes traversées par les voies ferrées et des communes limitrophes apportent leur concours au service de garde par l'exercice des attributions de police générale ou municipale qui leur appartiennent.

Ils assurent et font assurer par les agents relevant de leur autorité, notamment par les gardes-champêtres, les agents et commissaires de police, une surveillance constante sur les étrangers et les gens suspects habitant ou circulant dans la localité. Ils signalent, sans aucun délai, aux sentinelles les plus rapprochées et aux chefs de poste les individus qu'ils suspecteraient d'intentions malveillantes.

Ils réclament aussi le concours des gardes particuliers et de toutes les personnes sûres qui seraient disposées à aider à l'exécution du service. Ils facilitent enfin la tâche des chefs de poste et des officiers.

Le service de garde des voies de communication est assuré par les hommes des classes les plus anciennes de la réserve de l'armée territoriale.

Néanmoins, les hommes valides, dégagés de toute obligation militaire, peuvent être acceptés en qualité de volontaires, sur leur demande remise au Maire qui la transmet au Préfet ; ils sont démissionnaires sur simple avis donné au Maire, qui porte la mutation à la connaissance du Préfet.

Les ruptures d'engagement ne sont pas admises en temps de guerre.

Les hommes de troupe reçoivent, au moment où ils rejoignent leur poste, un brassard qu'ils portent sur le bras gauche comme signe distinctif.

Les brassards sont déposés, dès le temps de paix, dans les mairies des communes sur le territoire desquelles les postes doivent être établis ; ils sont remis aux chefs de poste, dès le premier jour du fonctionnement du service.

Les volontaires, qui n'ont plus ou n'ont jamais eu de livret individuel, en recevront un portant ordre de route ; cette mesure a l'avantage de donner à ces hommes un titre constatant qu'ils appartiennent à un corps organisé et dont ils pourraient se prévaloir, le cas échéant, vis-à-vis de l'ennemi.

BILLETS DE LOGEMENT AUX JEUNES SOLDATS ET AUX RÉSERVISTES CONVOQUÉS

(Instruction du 28 Décembre 1879)

Lorsque les Commandants de recrutement ne peuvent pas diriger sur leur destination, le jour même de leur arrivée au chef-lieu de la subdivision, les isolés ou les détachements à transporter par voies ferrées, ils peuvent réclamer des billets de logement à la mairie de ce chef-lieu.

DÉPOT DES LIVRETS

(Note ministérielle du 25 Avril 1891)

Dans l'année du passage dans l'armée territoriale de la plus ancienne classe de la réserve de l'armée active, les hommes de la dite classe déposent leur livret individuel, soit à la mairie, soit à la gendarmerie de leur résidence, du 1er au 15 Août. Les livrets sont transmis au Commandant de recrutement par la gendarmerie dans la deuxième quinzaine d'Août et rendus aux intéressés dans les premiers jours de Novembre.

REMISE DU LIVRET INDIVIDUEL

(Instruction du 28 Décembre 1879)

Le livret doit, en principe, être remis à l'homme lui-même, par la gendarmerie, lors de ses tournées; si l'homme est absent, il est invité à se rendre à la brigade. S'il ne se rend pas à cette invitation, il est signalé au Commandant de recrutement et devient passible de peines disciplinaires.

Les livrets ne sont remis aux familles ou dans les mairies que quand tous les moyens de découvrir les absents ont été épuisés.

Le Commandant de recrutement tient une liste de tous les livrets conservés dans les mairies et s'enquiert, au moins deux fois par an, de leur remise au titulaire.

PERTE DU TITRE DE GRATIFICATION RENOUVELABLE

(Instruction du 27 Août 1886, Note ministérielle du 2 Décembre 1886, Circulaire ministérielle du 26 Décembre 1890)

Le titulaire qui perd son titre peut obtenir un duplicata sur la production d'une déclaration de perte reçue, au choix de l'intéressé, par le Maire de la résidence ou par le fonctionnaire de l'intendance préposé au paiement de la gratification. Lorsque la déclaration est reçue par le Maire, elle est soumise au visa du fonctionnaire de l'Intendance. Cette déclaration indique en outre que la pièce n'est pas mise en nantissement.

En cas de perte du duplicata, il n'est plus délivré qu'une lettre ministérielle destinée à servir de titre.

TAXE MILITAIRE

(Loi du 15 Juillet 1889, et Décret du 30 Décembre 1890)

La taxe militaire est assise, avec l'assistance des Maires, par les agents de l'administration des Contributions directes.

Dans le cas de dissentiment entre le Maire et ces agents, le Directeur soumet la difficulté au Préfet avec son avis motivé.

Les Maires des chefs-lieux de canton portent à la connaissance des Préfets les engagements volontaires contractés devant eux.

Les réclamations relatives à la taxe militaire sont formées, instruites et jugées comme en matière de contribution personnelle mobilière. Toutefois, le Maire est appelé à donner son avis aux lieu et place des répartiteurs.

AVIS DE DÉCÈS

(Circulaire du 1er Juillet 1890, et Décision de Monsieur le Ministre de l'Intérieur du 13 Juin 1890)

Au moment de la déclaration de décès de tout homme âgé de 20 à 46 ans, que cet homme soit libéré du service actif ou que, faisant partie de l'armée active, il soit en congé ou permission, le Maire de la commune adresse immédiatement un avis de décès au Commandant de recrutement dont relève la commune.

La gendarmerie vérifie deux fois par an, dans les mairies, à l'aide des registres de l'Etat-Civil et du registre à souche spécial, si les avis de décès ont été notifiés et signale immédiatement les irrégularités au Préfet. Cette vérification n'a pas lieu dans les mairies des chefs-lieux de départements et d'arrondissement. *(Lettre collective du 15 Mai 1889.)*

RÉQUISITIONS POUR LE LOGEMENT, LE CANTONNEMENT, ETC.

(Loi du 3 Juillet 1877, et Décrets du 2 Août suivant et du 3 Juin 1890

Les Maires dressent tous les trois ans, en double expédition, sur des modèles qui leur sont transmis par les Commandants de corps d'armée, un état des ressources que peut offrir leur commune pour le logement et le cantonnement des troupes.

Lorsque le Ministre de la guerre veut faire opérer la révision de ces états, il charge de cette mission les officiers dont l'arrivée dans les communes est signalée aux Maires.

Ceux-ci reçoivent un extrait des tableaux révisés à l'aide desquels ils dressent, avec le concours des Conseillers municipaux, un état indicatif des ressources de chaque maison pour le logement ou le cantonnement des troupes. Ils suivent le plus exactement possible l'ordre de cet état indicatif, lorsqu'ils sont requis de loger ou de cantonner des militaires.

Dans tous les cas où les troupes doivent être logées ou cantonnées chez l'habitant, l'autorité militaire informe les Municipalités du jour de leur arrivée. Celles-ci délivrent ensuite les billets de logement, en observant de réunir autant que possible, dans le même quartier, les hommes et les chevaux appartenant aux mêmes unités constituées, afin d'en faciliter le rassemblement.

Dans l'établissement du logement ou du cantonnement chez l'habitant, les Municipalités ne font aucune distinction de personnes, quelles que soient leurs fonctions ou qualités,

Néanmoins, les détenteurs de caisses publiques déposées dans leur domicile, les veuves et les filles vivant seules, ainsi que les communautés religieuses de femmes, sont dispensés de fournir le logement dans leur domicile ; mais les uns et les autres sont tenus d'y suppléer en fournissant le logement en nature chez d'autres habitants, avec lesquels ils prennent des arrangements ; à défaut de quoi il y est pourvu à leurs frais par les soins de la Municipalité.

Les officiers et les fonctionnaires militaires qui sont logés à leurs frais dans leur garnison ou résidence, ne sont tenus de fournir le logement qu'autant que celui qu'ils occupent excède, quant au nombre de pièces, celui qui est affecté à leur grade dans les bâtiments de l'Etat.

Les officiers en garnison dans le lieu de leur habitation ordinaire sont tenus de fournir le logement dans leur domicile propre comme les autres habitants.

Les mêmes catégories de personnes ne sont tenues de fournir le cantonnement que dans les dépendances de leur domicile, qui peuvent être complètement séparées des locaux pour l'habitation.

Les habitants ne sont jamais délogés de la chambre et du lit où ils ont l'habitude de coucher ; ils ne peuvent néanmoins, sous ce prétexte, se soustraire à la charge du logement selon leurs facultés.

Hors le cas de mobilisation, le Maire ne peut envahir le domicile des absents; il doit loger ailleurs à leurs frais.

Les établissements publics ou particuliers, requis préalablement par l'autorité militaire et effectivement utilisés par elle, ne doivent pas être compris dans la répartition du logement ou du cantonnement.

Lorsqu'un Maire est obligé de loger des militaires aux frais et pour le compte de tiers, il prend à cet égard un arrêté motivé qui est notifié aussitôt que possible à la personne intéressée. La somme à payer, indiquée dans l'arrêté, est recouvrée comme en matière de contributions directes.

Les troupes sont responsables des dégâts et dommages occasionnés par elles dans leurs logements et cantonnements. Les habitants adressent leurs réclamations par l'intermédiaire de la Municipalité au Commandant de la troupe, afin qu'il y soit fait droit si elles sont fondées.

Les réclamations doivent être adressées et les dégâts constatés, à peine de déchéance, avant le départ de la troupe, ou, en temps de paix, trois heures après, au plûs tard ; un officier est laissé, à cet effet, par le Commandant de la troupe.

Procès-verbal est dressé contradictoirement par le Maire de la commune et par l'officier chargé d'examiner la réclamation.

S'il s'agit de passage de troupes en temps de paix, le procès-verbal est remis à l'habitant, qui adresse sa réclamation à l'autorité militaire.

En cas de mobilisation, le procès-verbal sert à l'intéressé comme une réquisition ordinaire et l'indemnité à allouer est réglée comme en matière de réquisition.

En temps de guerre et en cas de départ inopiné des troupes logées chez l'habitant, si aucun officier n'a été laissé en arrière pour recevoir les réclamations, tout individu qui croit avoir à se plaindre de dégâts commis par les soldats logés chez lui, et qui n'a pu faire sa réclamation avant le départ de la troupe, porte sa plainte au Juge de paix ou, à défaut de Juge de paix, au Maire de la commune. Cette plainte doit être remise moins de trois heures après le départ de la troupe.

Le Juge de paix ou le Maire se transporte

immédiatement sur les lieux, fait une enquête et dresse un procès-verbal, qui est remis à la personne intéressée pour faire valoir ses droits comme en matière de réquisition.

Toutes les fois qu'une troupe est logée ou cantonnée dans une commune, l'officier qui la commande remet au Maire, le dernier jour de chaque mois, ainsi que le jour où la troupe quitte la commune, un état en double expédition, indiquant l'effectif en officiers, sous-officiers. soldats, chevaux ou mulets, ainsi que la date de l'arrivée et celle du départ.

Ces états d'effectif servent à établir le droit des habitants à indemnité.

Il n'y a pas lieu de les fournir, lorsqu'il s'agit du cantonnement de troupes qui manœuvrent ou du logement ou cantonnement de militaires pendant la période de mobilisation.

Les Maires doivent recevoir avis, au moins deux jours à l'avance et très exactement, du nombre d'hommes et de chevaux qu'ils auront à loger.

Toute réquisition est adressée et notifiée au Maire ou à son suppléant; elle ne doit l'être à un Conseiller municipal, ou à défaut, à un habitant, qu'en cas d'extrême urgence.

Le Maire peut, au besoin, faire ouvrir la porte de vive force et faire procéder d'office à la livraison des fournitures requises. Dans ce cas, il requiert deux témoins d'assister à l'ouverture et à la fermeture des locaux, ainsi qu'à l'enlèvement des objets; il dresse un procès-verbal de ses opérations.

Si le Maire déclare que les quantités requises excèdent les ressources de sa commune, il doit d'abord livrer toutes les prestations qu'il lui est possible de fournir. L'autorité militaire peut toujours, dans ce cas, faire procéder à des vérifications; lorsqu'elle trouve des denrées qui ont été indûment refusées, elle s'en empare, même par la force, et signale le fait à l'autorité judiciaire.

Le Maire fait procéder en sa présence, ou en présence d'un délégué, à la remise aux parties prenantes des fournitures requises et s'en fait donner reçu.

Il tient registre des prestations fournies par chaque habitant et mentionne les quantités fournies et les prix réclamés; il délivre des reçus aux prestataires.

Les habitants qui sont l'objet de réquisitions directes portent à la Mairie les reçus qu'ils ont obtenus de l'autorité militaire et les échangent contre des reçus de l'autorité municipale.

Il en est de même des certificats qui sont délivrés aux habitants pour constater l'accomplissement d'un service requis.

Dans le cas de refus de la Municipalité, le Maire, ou celui qui en fait fonctions, peut être condamné à une amende de 25 à 500 francs.

Si le fait provient du mauvais vouloir des habitants, le recouvrement des prestations est assuré, au besoin, par la force; en outre, les habitants qui n'obtempèrent pas aux ordres de réquisition sont passibles d'une amende qui peut s'élever au double de la valeur de la prestation requise.

Lorsque des troupes sont logées chez l'habitant, et que celui-ci est requis de leur fournir la nourriture, il ne peut être exigé une nourriture supérieure à l'ordinaire de l'individu requis.

Quand il y a lieu de requérir des chevaux, voitures ou harnais, pour des transports qui doivent amener un déplacement de plus de cinq jours avant le retour, il est procédé, avant la prise de possession, à une estimation contradictoire faite par le Maire et par l'officier requérant. Celui-ci doit, en cas de perte ou de détérioration, remettre au conducteur un certificat constatant le fait; en cas de refus du chef du convoi, le conducteur doit s'adresser au juge de paix ou, à défaut, au Maire de la commune où s'est produit le dommage.

Lorsqu'il est fait une réquisition de matériel pour une durée de plus de huit jours, il est procédé à une estimation contradictoire.

Les guides, conducteurs, ouvriers requis, sont nourris par les soins du chef de détachement, qui remet à chacun d'eux un certificat constatant l'exécution; en temps de paix, celui qui abandonne son service est passible d'une amende de 16 à 50 francs; en temps de guerre, il est traduit devant un Conseil de guerre et peut être condamné à la peine de six jours à cinq ans d'emprisonnement.

Les Maires fournissent des locaux spéciaux pour le traitement des malades ou blessés, et à défaut, les répartissent chez les habitants.

Pour faire régler les indemnités qui sont dues dans sa commune, le Maire dresse en double expédition l'état nominatif de tous les habitants qui ont fourni des prestations; il indique la nature et l'importance de ces prestations, la date des réquisitions et les prix réclamés. Il y joint son avis et adresse l'état à la Commission d'évaluation, par l'intermédiaire du Préfet.

Le Maire y joint les ordres de réquisition et les reçus de l'autorité militaire, ainsi que les certificats d'exécution de service requis et les procès-verbaux de dégâts ou d'estimation, s'il y a lieu.

Les pièces justificatives sont récapitulées dans un bordereau dressé en double expédition, dont une est renvoyée à la commune à titre de récépissé.

Après avis de la Commission d'évaluation, transmis au fonctionnaire de l'intendance, celui-ci notifie au Maire, dans les trois jours, les indemnités allouées.

Le Maire fait la même notification aux intéressés, dans les vingt-quatre heures de la réception, et les informe qu'ils doivent adresser à la Mairie, dans un délai de quinze jours, leur acceptation ou leur refus.

Les allocations acceptées sont payées dans un délai maximum de huit jours. Les refus d'acceptation sont transmis aux juges de paix qui statuent en dernier ou en premier ressort, suivant la somme, jusqu'à concurrence de 1.500 francs inclusivement ; au-dessus de ce chiffre, l'affaire est portée devant le tribunal de première instance.

RECENSEMENT DES CHEVAUX, JUMENTS, MULETS & MULES

(Loi du 3 Juillet 1877, Décret du 2 Août suivant, et Instruction ministérielle annuelle)

Un recensement général des chevaux, juments, mulets et mules de tout âge a lieu tous les ans, avant le 16 Janvier, dans chaque commune, sur la déclaration obligatoire des propriétaires et, au besoin d'office, par les soins du Maire.

Dans les premiers jours de Décembre, les Maires publient un avertissement adressé à tous les propriétaires, en nom particulier ou collectif, pour les informer qu'ils doivent se présenter à la Mairie avant le 1er Janvier pour faire leurs déclarations.

Les convocations individuelles ne sont pas exigibles ; quand les Municipalités jugent à propos d'en établir, ces convocations sont à leur charge et sous leur responsabilité.

La liste des personnes dispensées de la déclaration et du recensement, est insérée au *Recueil des actes administratifs.*

L'inscription de tous les animaux déclarés,

quels que soient leur âge et leur aptitude, est faite avec le plus grand soin par les Maires, sur un registre de déclaration modèle **A**, en consultant d'ailleurs celui de l'année précédente.

Le registre **A** comprend, au fur et à mesure des déclarations faites :

1° Les nom et prénoms de chaque propriétaire ;

2° Ses profession et qualité ;

3° Son domicile ;

4° Le signalement détaillé de chaque animal (sexe, âge, taille, nom et robe). On reproduit pour les animaux déjà visités le signalement donné par la Commission chargée du dernier classement.

Immédiatement après l'inscription de la déclaration sur le registre **A**, le Maire délivre à chaque propriétaire un certificat modèle **E** constatant la dite déclaration.

Du 16 au 20 Janvier, le Maire fait exécuter des tournées par les gardes-champêtres et les agents de police, pour s'assurer de l'exactitude des déclarations.

Lorsqu'il est reconnu que des animaux n'ont pas été déclarés, le Maire les inscrit d'office sur le registre **A** et sur la liste de recensement **B**, s'ils réunissent les conditions d'âge fixées.

Du 1er au 16 Janvier, les Maires dressent, à l'aide du registre **A**, la liste modèle **B**. Celle-ci présente les noms des propriétaires par ordre alphabétique, et comprend tous les animaux réunissant les conditions d'âge requises, sauf :

1° Ceux reconnus être déjà inscrits dans une autre commune ;

2° Ceux réformés antérieurement ;

3° Ceux ajournés pour défaut de taille.

La liste modèle **B** est mise à la disposition de toutes les personnes qui veulent la consulter.

Le registre **A** et la liste **B** sont visés et certifiés conformes par le Maire, savoir :

Le registre, le 31 Décembre précédant l'année pour laquelle le recensement est établi ; la liste, le 15 Janvier de la dite année.

Toutefois, ces documents restent ouverts pour recevoir toutes les inscriptions et mutations ultérieures, et sont arrêtés définitivement et visés, savoir :

Le registre, le 1er Décembre suivant; la liste, le 31 du même mois.

Ce registre et cette liste sont conservés avec le plus grand soin sous la responsabilité du Maire.

Le Maire établit en double expédition un relevé numérique modèle **C** :

1° Des chevaux, juments, mulets et mules de tout âge existant chez les propriétaires ;

2° Des mêmes animaux qui n'atteindront pas dans le cours de l'année l'âge fixé;

3° Des mêmes animaux qui ont atteint ou qui atteindront cet âge.

Un renvoi indique le nombre total des animaux réformés lors des classements antérieurs et existant encore à l'époque du recensement; ce même nombre est déjà compris dans celui des animaux spécifiés au 3e paragraphe.

Les Maires adressent, dès le 20 Janvier, deux expéditions du relevé modèle C au Sous-Préfet de l'arrondissement; il est essentiel qu'il n'y ait aucun retard dans cet envoi, attendu que c'est d'après cet état modèle C que les Commandants de recrutement établissent un état modèle D qui doit être transmis le 25 Janvier: d'une part, au Commandant du corps d'armée de leur subdivision; d'autre part, au Ministre de la Guerre.

Les imprimés A, B, C et E, sont envoyés aux Maires par les Préfets.

RECENSEMENT DES VOITURES ATTELÉES

(Loi du 3 Juillet 1877, Décret du 2 Août suivant, et Instruction ministérielle du 11 Octobre 1886)

Tous les trois ans, avant le 16 Janvier, a lieu dans chaque commune, sur la déclaration obligatoire des propriétaires, et, au besoin d'office, par les soins du Maire, le recensement des voitures attelées autres que celles qui sont exclusivement affectées au transport des personnes.

D'une manière générale, les prescriptions concernant le recencement des animaux s'appliquent au recensement des voitures.

L'inscription des voitures déclarées est faite par le Maire sur un registre, modèle 1, en tenant compte des prescriptions ci-après :

1° Si le propriétaire possède plusieurs voitures et n'a qu'un seul attelage requis, le Maire inscrit la voiture, autant que possible à quatre roues, qui peut être utilisée avec cet attelage ;

2° Si le propriétaire a plusieurs voitures et plusieurs attelages requis, le Maire inscrit autant de voitures, de préférence à quatre roues, qu'il peut en atteler.

Le registre **1** comprend, au fur et à mesure des déclarations faites :

1° Le nom et les prénoms du propriétaire;

2° Ses profession et qualité;

3° Son domicile;

4° Le nombre des voitures des différentes espèces, susceptibles d'être requises et existant chez ce propriétaire. Lorsque la voiture est attelée à deux chevaux, le Maire réserve une ligne horizontale pour le signalement de chacun des chevaux de l'attelage. Les signalements des deux chevaux d'un même attelage sont réunis par une accolade.

En outre, les inscriptions relatives aux différentes voitures d'un même propriétaire sont réunies par une même accolade;

5° Le signalement de chaque voiture (suspendue ou non, munie ou non d'un toit ou d'une bâche, le poids maximum approximatif de son chargement eu égard à l'attelage qui lui est affecté.)

Immédiatement après l'inscription faite par le Maire sur le registre modèle **1**, il remet à chaque propriétaire un certificat, modèle 4, constatant la dite déclaration.

Du 1er au 16 Janvier, les Maires dressent, à l'aide du registre **1**, et en double expédition, un relevé numérique, modèle **2**, des voitures attelées susceptibles d'être requises et adressent immédiatement ces deux expéditions au Sous-Préfet de leur arrondissement, lequel doit en transmettre une expédition, dès le 20 Janvier, au Commandant de recrutement. Celui-ci doit, dès le 25 Janvier, faire parvenir au Commandant du corps d'armée l'une des expéditions du relevé modèle **3**, et l'autre expédition au Ministre de la guerre.

Les imprimés **1**, **2** et **4** sont envoyés aux Maires par les Préfets.

CLASSEMENT DES CHEVAUX, JUMENTS MULETS ET MULES

(Loi du 3 Juillet 1877, Décret du 2 Août suivant, et Instruction ministérielle précédant les opérations.)

Chaque année, le Ministre de la guerre peut faire procéder, du 16 Janvier au 1er Mars ou du 15 Mai au 15 Juin, à l'inspection et au classement des animaux susceptibles d'être requis pour le service de l'armée.

Le classement a lieu dans chaque commune, à l'endroit désigné à l'avance par l'autorité militaire, en présence du Maire ou de son suppléant légal.

Le Maire ou son suppléant légal est tenu d'assister aux opérations et de fournir à la Commission tous les renseignements qui lui sont demandés, et notamment les tableaux de classement des années précédentes et les registres de déclaration, modèle **A**, ainsi que les listes de recensement, modèle **B**.

Le Secrétaire de la Mairie doit être également présent aux opérations et aider la Commission dans toutes les recherches à faire sur les registres et listes.

Les Maires reçoivent des Préfets, en temps utile, le nombre d'affiches nécessaires, indiquant l'endroit où sera fait le classement, le jour et l'heure.

Les Commissions de classement rayent des listes de recensement les animaux qui y sont inscrits et se trouvent dans l'un des cas d'exemption prévus par l'article 40 de la loi.

Elles inscrivent d'office tout animal qui leur paraît avoir été omis à tort.

Elles réforment les animaux impropres au service de l'armée.

Elles refusent conditionnellement ceux qui n'ont pas la taille fixée ou ne paraissent pas momentanément susceptibles d'être requis.

Enfin elles dressent, par commune, en double expédition, un tableau modèle **2** des chevaux, juments, mulets et mules susceptibles d'être requis.

Les deux expéditions, signées par la Commission et le Maire de la commune ou son suppléant, sont conservées : l'une, par le Maire, qui la joint à la liste de recensement modèle **B**; l'autre, par le Commandant de recrutement de la subdivision.

La liste de recensement reçoit la mention des décisions prises au sujet des animaux ; elle est arrêtée et signée par le président de la Commission.

CLASSEMENT DES VOITURES ATTELÉES

(Loi du 3 Juillet 1877, Décret du 2 Août suivant et Instruction ministérielle précédant les opérations)

Dans l'année du recensement des voitures attelées, les commissions chargées du classement des animaux procèdent en même temps au classement des voitures.

La Commission inspecte toutes les voitures qui ne sont pas exclusivement affectées au transport des personnes et pour lesquelles l'attelage nécessaire est fourni par le propriétaire de la voiture.

Les voitures classées sont inscrites sur un tableau modèle 2 *bis*, signé par la Commission et par le Maire ou son suppléant.

Ce tableau est dressé en deux expéditions qui sont conservées : l'une, par le Maire, qui la joint au registre de recensement modèle 1 ; l'autre, par le Commandant de recrutement de la subdivision.

RECENSEMENT DES PIGEONS VOYAGEURS

(Décret du 15 Décembre 1885)

Tous les ans, un recensement des pigeons voyageurs est effectué par les soins des Maires, sur la déclaration obligatoire des propriétaires, et au besoin d'office.

Chaque année, dans le courant du mois de Novembre, les généraux commandant les corps d'armée arrêtent, sur la proposition des Préfets, la liste des communes où le recensement aura lieu.

Le Maire de chacune des communes désignées fait publier, dès les premiers jours de décembre, un avertissement adressé à tous les éleveurs isolés ou sociétés colombophiles qui possèdent des pigeons voyageurs dans la commune, pour les informer qu'ils doivent, avant le 1er Janvier, faire à la mairie la déclaration du nombre de leurs colombiers, du nombre de pigeons voyageurs qui y sont élevés et des directions dans lesquelles ils sont entraînés.

Il est délivré à chaque éleveur isolé, ou société colombophile qui a fait la déclaration prescrite, un certificat constatant la dite déclaration et mentionnant les renseignements fournis.

Dans les premiers jours de Janvier, le Maire fait exécuter des tournées par les gardes-champêtres et les agents de police, pour s'assurer que toutes les déclarations ont été faites exactement.

Du 1er au 15 Janvier, le Maire dresse en double expédition, sur un modèle qui lui est transmis par le Commandant du corps d'armée, un état contenant les renseignements qui lui ont été fournis par les propriétaires ou ceux qu'il a pu recueillir.

L'une des expéditions de cet état est adressée au Commandant de la région par l'intermédiaire du Préfet ; l'autre expédition est conservée à la mairie.

Dans toutes les communes, les Maires prennent les dispositions nécessaires pour être, en tout temps, informés de l'ouverture des nouveaux colombiers affectés à l'élève des pigeons voyageurs.

Les renseignements recueillis par leurs soins sur ces colombiers sont transmis immédiatement à l'autorité militaire par l'intermédiaire des Préfets.

TABLE

TROYES. — IMP. DUFOUR-BOUQUOT

www.ingramcontent.com/pod-product-compliance
Lightning Source LLC
LaVergne TN
LVHW020410230826
846091LV00004B/1231